Caminhos da ALFABETIZAÇÃO

Balão

Ba Be Bi Bo Bu

LIGUE OS TRACINHOS PARA COMPLETAR CADA PALAVRA COMPOSTA PELA FAMÍLIA DO B.

Bala Berço

Bule Batata

Bigode Bolo

Cisne

Ca Ce Ci Co Cu

COMPLETE A ESCRITA DE CADA PALAVRA, LIGANDO CADA DESENHO AO SEU NOME.

- Cachorro
- Coco
- Coroa
- Cubo

Dado

Da De Di Do Du

LIGUE OS NOMES AOS DESENHOS. DEPOIS, REPRODUZA A ESCRITA NAS LINHAS À DIREITA.

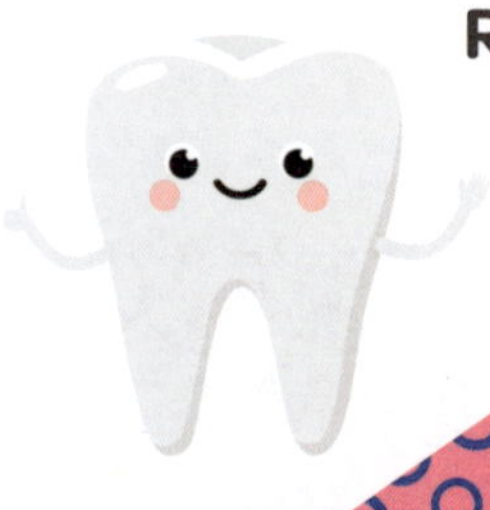

Dente

Doce

Doende

Dinossauro

Família

Fa Fe Fi Fo Fu

LIGUE OS NOMES AOS DESENHOS. DEPOIS, CONSTRUA AS PALAVRINHAS, JUNTANDO AS SÍLABAS.

Fo-ca ______________

Fa-da ______________

Fi-lé ______________

Fi-ta ______________

Gato

Ga Ge Gi Go Gu

LIGUE OS NOMES AOS DESENHOS. DEPOIS, JUNTE OS PEDACINHOS PARA FORMAR PALAVRAS.

Ge-la-dei-ra: ____________________

Ge-ma: ____________________

Go-ri-la: ____________________

Gi-ras-sol: ____________________

Guaraná

Gua Gue Gui Guo

OBSERVE AS PALAVRAS COMPOSTAS POR ESSA FAMÍLIA SILÁBICA. DEPOIS, COMPLETE TODAS ELAS COM CAPRICHO.

Guitarra Guache

Guaxinim Guaxe

Guirlanda Guizo

Harpa

Ha He Hi Ho Hu

COMPLETE CADA FRASE COM AS PALAVRAS QUE ESTÃO NO BANCO DE PALAVRAS.

hora | história | helicóptero

homem | hipopótamos

O ______________ chegou na _______

O _________ leu uma __________ sobre _______________

jacaré

ja je ji jo ju

O JABUTI ESTÁ CARREGANDO MUITAS PALAVRAS COMPOSTAS PELA FAMÍLIA DO "J". CIRCULE APENAS AS PALAVRAS QUE REPRESENTAM ALIMENTOS.

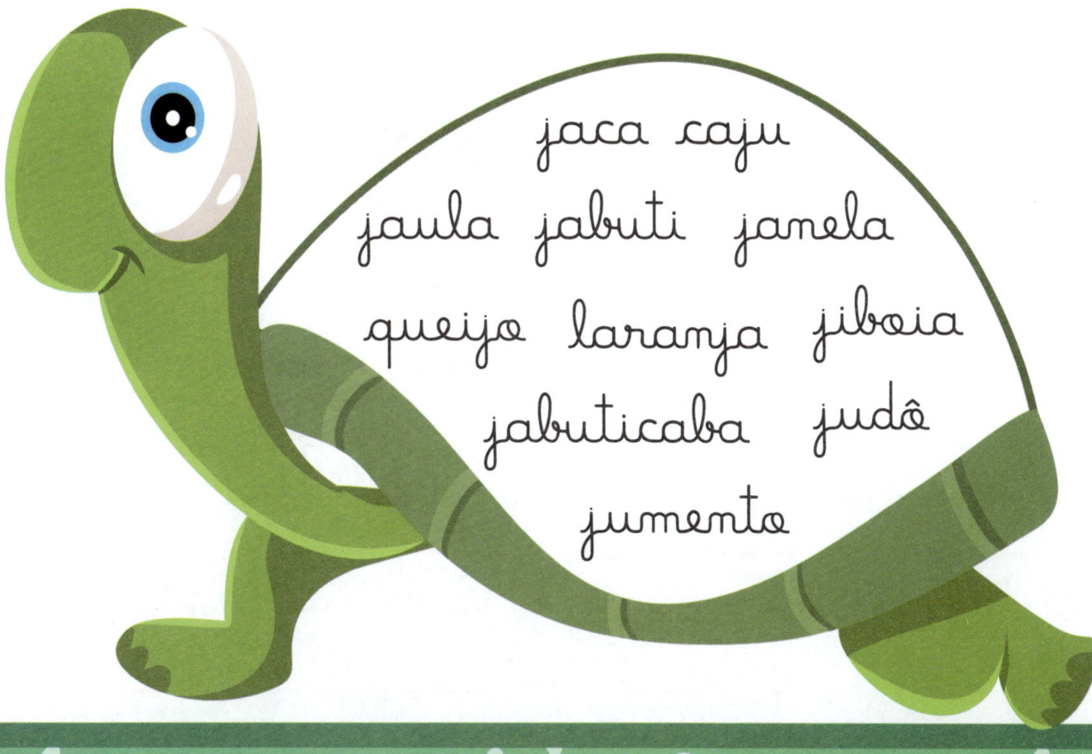

jaca caju

jaula jabuti janela

queijo laranja jiboia

jabuticaba judô

jumento

Kart

Ka Ke Ki Ko Ku

PARA COMPLETAR CADA PALAVRA, PROCURE AS SÍLABAS CORRETAS NOS BANCOS DE SÍLABAS.

______raokê

Ka Ke Ki Ko Ku

______mbi

Ka Ke Ki Ko Ku

______ng Fu

Ka Ke Ki Ko Ku

______ui

Ka Ke Ki Ko Ku

Lata

La Le Li Lo Lu

GRIFE AS PALAVRAS QUE REPRESENTAM ANIMAIS E COMPLETE A ESCRITA DAS DEMAIS.

Lua

Lixo

Leão

Luva

Leite

Lobo

Lula

Lagarto

Mala

Ma Me Mi Mo Mu

PARA COMPLETAR AS FRASES, USE AS SÍLABAS DOS QUADRADINHOS.

ma | ma | co

ca | mãe

O ________ mordeu a maçã.

A ________ comprou mamão
e melão no mercado.

Navio

Na Ne Ni No Nu

JUNTE AS SÍLABAS PARA FORMAR AS PALAVRAS:

Na-bo: ______________

Nu-vem: ______________

No-ve: ______________

No-ve-lo: ______________

Palácio

Pa Pe Pi Po Pu

CHAME CADA PALAVRINHA E CONTE OS PEDACINHOS NOS DEDINHOS.
DEPOIS, SEPARE AS SÍLABAS DE CADA PALAVRA.

Pata: ______________

Pulga: ______________

Peixe: ______________

Pirulito: ______________

Pipoca: ______________

Pote: ______________

Quati

Qua Que Qui Quo

AGORA VOCÊ DEVE OBSERVAR AS PALAVRINHAS EM DESTAQUE PARA MONTAR FRASES.

é | do | queijo | quadrado. | quadro | O

O | quis | moleque | quindim.

Rato

Ra Re Ri Ro Ru

JUNTE FAMÍLIAS SILÁBICAS + FAMÍLIAS SILÁBICAS E FAMÍLIAS SILÁBICAS + VOGAIS PARA CONSTRUIR PALAVRAS.

Ri → o :

Re → i :

Ro → da :

Ru → a :

Re → ló → gi → o :

Sapo

Sa Se Si So Su

CONTINUE A CONSTRUIR PALAVRAS JUNTANDO OS PEDACINHOS QUEBRADOS COM "**SA**" E "**SO**" NO INÍCIO.

Sa
→ biá ____________
→ lada ____________
→ bonete ____________
→ pato ____________

So
→ la ____________
→ pa ____________
→ fá ____________
→ ro ____________

Tatu

Ta Te Ti To Tu

PROCURE E CIRCULE NO BANCO DE SÍLABAS AQUELAS QUE VOCÊ VAI USAR PARA COMPLETAR O NOME DE CADA FIGURA.

___pete

Ta Te Ti
To Tu

___lipa

Ta Te Ti
To Tu

___barão

Ta Te Ti
To Tu

___tu

Ta Te Ti
To Tu

Violino

Va Ve Vi Vo Vu

LIGUE CADA DESENHO AO SEU NOME.

- Violão
- Vovô
- Vaso

Waffle

Wa We Wi Wo Wu

VAMOS LIGAR OS TRACINHOS E COMPLETAR CADA PALAVRA COMPOSTA PELA FAMÍLIA DO W.

Wi-fi William

Wallace Webcam

Website Windsurfe

Xarope

Xa Xe Xi Xo Xu

VAMOS COBRIR OS TRACEJADOS E COPIAR ALGUMAS PALAVRAS DA FAMÍLIA DO X:

Xadrez Xerife

Xícara Xaxim

Xilofone Xampu

Yakissoba

Ya Ye Yi Yo Yu

OBSERVE O QUADRO ABAIXO E CIRCULE APENAS OS NOMES PRÓPRIOS.

zoológico

za ze zi zo zu

OBSERVE CADA PALAVRA E NOMEIE AS FIGURAS.

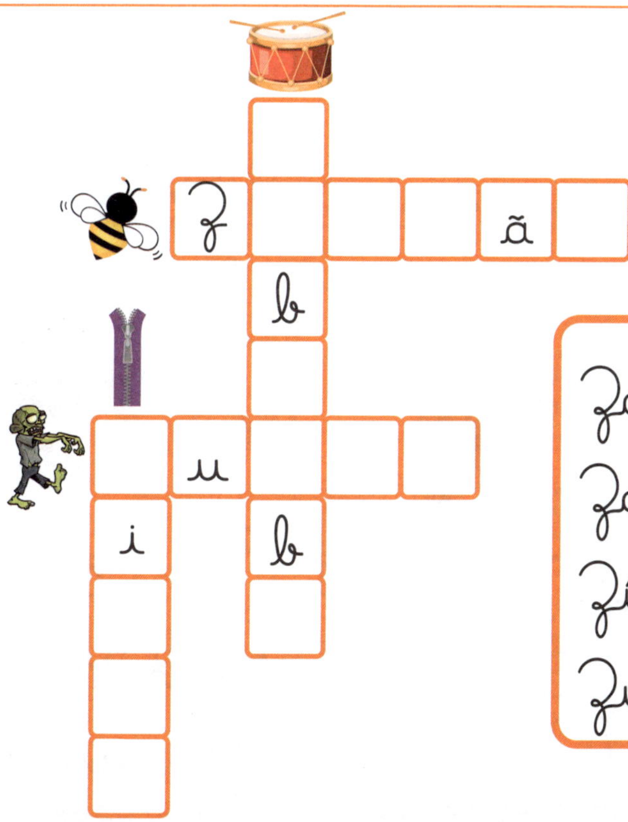

zabumba
zangão
zíper
zumbi

ATIVIDADE

VAMOS CIRCULAR A PALAVRA CORRESPONDENTE A CADA FIGURA?

Boneca
Boca
Bico

Cama
Cone
Canudo

Figo
Fubá
Foca

Gelatina
Gelo
Gota

Mamão
Melão
Morango

Nove
Nave
Nuca

Peteca
Pirulito
Peixe

Sabão
Sino
Sinuca